そらいろあぶりだし

中井ひさ子

土曜美術社出版販売

そらいろあぶりだし　もくじ

そらいろあぶりだし

お花見

三月の終わりに、松村君から「青山墓地の桜がきれいです。お花見に来ませんか」とのハガキが届いた。住所は青山墓地、地下鉄「外苑前」からの地図と電話番号まで書いてある。

毎年お花見は、歩きながら、電車の窓からなので、今年はと心が動いた。それに松村君には、卒業以来逢っていない。懐かしい。行こう。

外苑前に着き地上に出ると車の往来、人の動きにスピード感があり、ちょっと立ち寄りたくなるお店が並んでいる。

「さすが青山」

独り言を言いながら、地図どおり左へ左へ曲がって行くと右手に墓地と桜並木が続く。忠犬ハチ公の碑と共に建つ上野英三郎氏の名前を探しつつ通り過ぎたら、赤松の横に確かに彼の名前があった。

手を合わすのか、名前を呼ぶのか迷っていると、すっと長身で切れ長の目の彼が現れた。

「変わってへんな、何年振りやろ」

思わず出た私の大阪弁。

「君だって変わってないよ、でもちょっと太ったかい」

彼はしっかり東京弁だ。

「いつ逝ったの」

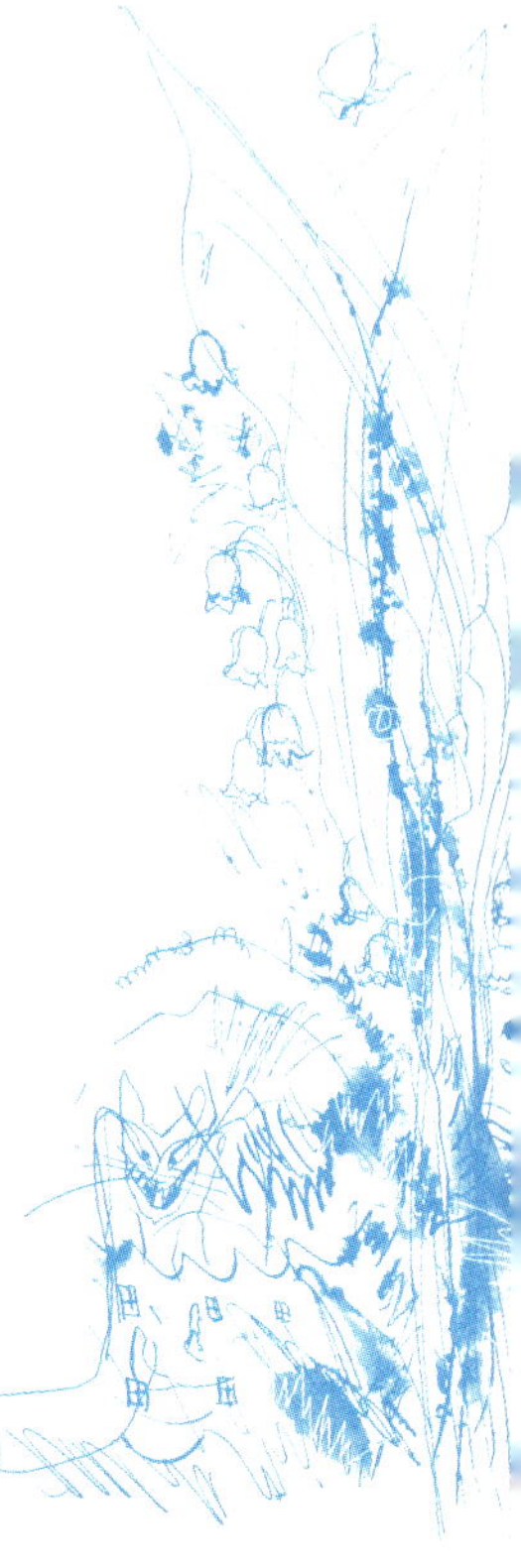

「それが解らないんだ。気が付いたら青山墓地さ」

「それにしてもなぜ電話が付いているの」

「俺、理系だろう」

にやりと首をすくめる。

歩きだすと桜並木は音を遠くした。薄桃色の花の群れは少し重たげに、空に向かって息づいている。柔らかな花弁が肩にかかる。

「今頃、どうして私にハガキをくれたの」

「いや君だけじゃないんだ、知り合いの女性十人に出したのだけど来てくれたのは君だけさ」

ちょっと困った笑顔は昔のままだ。

「俺、生きている頃は独りが心地よかったけれど、死んだら妙に人恋しくてね」

「私は生きていても人恋しいよ」

思わずつぶやいていた。

「あまり私たちの生活と変わらないみたいね」

「そうさ、住まいが青山墓地に変わっただけさ。でも、夜はうるさいんだ。ここは軍人さん、文化人、お金持ちが多いだろう、生きていた頃のたわいのない自慢話に花が咲くのさ、人間なんて死んでも変わらないとしみじみ思ったよ」

辺りを見まわしている。そして、指をさす方に顔を向けた。

「ほら、あそこのベンチに座っている女の人、俺たちの仲間さ」

彼女は優しい目をして桜を見上げている。

「心が通い合った時だけ俺たちが見えるんだよ」

いろんな所で松村君たちの仲間に出会っているのだと知り、これから街を歩く楽しみを思う。

「死んでも心だけは動いているんだ。それが良いか悪いか解らないけれどね」

彼は空を見つめ、ぽつりと言った。

「近くにちょっと洒落た喫茶店があるんだ」桜並木を背に少し足が速くなった。

喫茶店の中は、ほどよい明るさで雰囲気がありクラシック音楽が心地よく耳に入ってきた。

「いつもの、イチゴショートとキリマンジャロ」

ウエイトレスに親しげに注文する。

しばらくすると、大きなイチゴがのったケーキと深い香りのするコーヒーが、私の前に置かれた。思わずウエイトレスの顔を見ると、彼女はにこやかに私を見返した。

前の席に目をやると空席だった。

私はゆっくりとケーキとコーヒーを味わい、夕暮れの青山を後にした。

懐中時計

高校の通学路に瓦屋根の垂れ下がった古道具屋があった。箪笥、火鉢、机、掛け軸、すべてが沈むように黒く光っていた。

入り口の台の上に置かれているざるの中には、幾つかの懐中時計が入れてあった。初めは何気なく見ていたのだが、通る度に呼び止められているような気がして足をとめた。

その中で、少しゆがんだ文字盤に大きな針のついた懐中時計をえらんだ。もちろん、値段も一番安かった。

そっとポケットに忍ばせると、なにか、大きな秘密を隠しているような気持ちになり、胸が高鳴ったのを忘れられない。

秒針が、動くのを見ていると、なんだかそこに自分だけの時間があるような気がして、自然に顔がほころんだ。ただ、コチコチと必要以上に大きな音がするのには少し困った。

私は落とさないように、ブルーのリボンを付けその懐中時計を持ち歩いた。

ある時気づいた。懐中時計のどうしようもない気まぐれさに。思い出したように、ものすごく速く進んだり、ゆっくりゆっくり進んだりする。どうかしたらピタリと止まったまま絶対に動かない。ネジを巻こうがたたこうがビクともしない。

そんな時計は困るだろうと思うかもしれないが、そうでもなかったのだ。この懐中時計の時間は、私だけの時間になっていることに気づいたからだ。

一度などデートの時計に時計がとまった。

彼は笑顔で言った。

「楽しい時間は短いはずなのに、まるで時間が止まったようで不思議だな」

その時話したこと、はっきりと覚えている。

絵を描くことが好きだった彼は、夜、佐保川のコンクリートの土手にどうしようもなく絵を描きたくなって一晩がかりで描いたこと。

山の上から海を見ようとしたら、いつの間にか木が茂っていて見えないので、のこぎりで数本切り倒し海を自分のものにしたことなどなど。

「そんなことしたらだめだよ」と言いながら私は心の内で手をたたいていた。顔がほころんでいた。

でも、でもである。

気まぐれな懐中時計である。思うようにはいかない。嫌な予感がするなと思ったら、あっという間に速く動き出していた。

彼の後ろ姿を見送っていた。もどらなかった。

ただ、日々の寂しさにじっと見つめると、逆まわりして遠い日の時間にすっぽりと連れて行ってくれたりもした。

今は、幾つもの傷あとを持つ年季の入った懐中時計となった。気まぐれさがなくなり、コチコチと正確に動いているのが寂しい。

宝物

私の宝物は何んだろうと考えても思いつかない。子供、巣立って手の届かないところにいる。家人、きっとやめてくれと、片手でたらなくて両手を振るだろう。詩、そんな気恥ずかしいことは言えない。宝石、勿論持っていない。親の形見の品、両親共に健在だ。

「わたしじゃないの」

少々そっけない高音の声が聞こえた。赤いクリスタルの壺の声だ。

「いつも面倒なことをやらしておいて」と続く。

そうなんです。お世話になっています。

今日もでした。ここ数日、ゼイゼイコンコンと咳が出てベッドの片隅で、膝を抱え座り込んでいる。初めは、風邪かなと思ったけれど、これはストレスだなと感じた。忙しさの後には、必ずやってくる。二年前は、頭が割れるように痛くなって、救急車で運ばれたのを思い出した。

「ねくらはストレスに弱いんだ」

解ったような、解らないようなことを独りつぶやき、ため息が出る。

「私って、できない人だと解っているのに、すぐ忘れてしまう。自覚がないんだ」

考えこみどんどん落ち込んでいく。沈んでいく。

すがるように赤いクリスタルの壺を見つめる私に、困ったとの声。

「またなの、カウンセラーじゃないんだけれど」

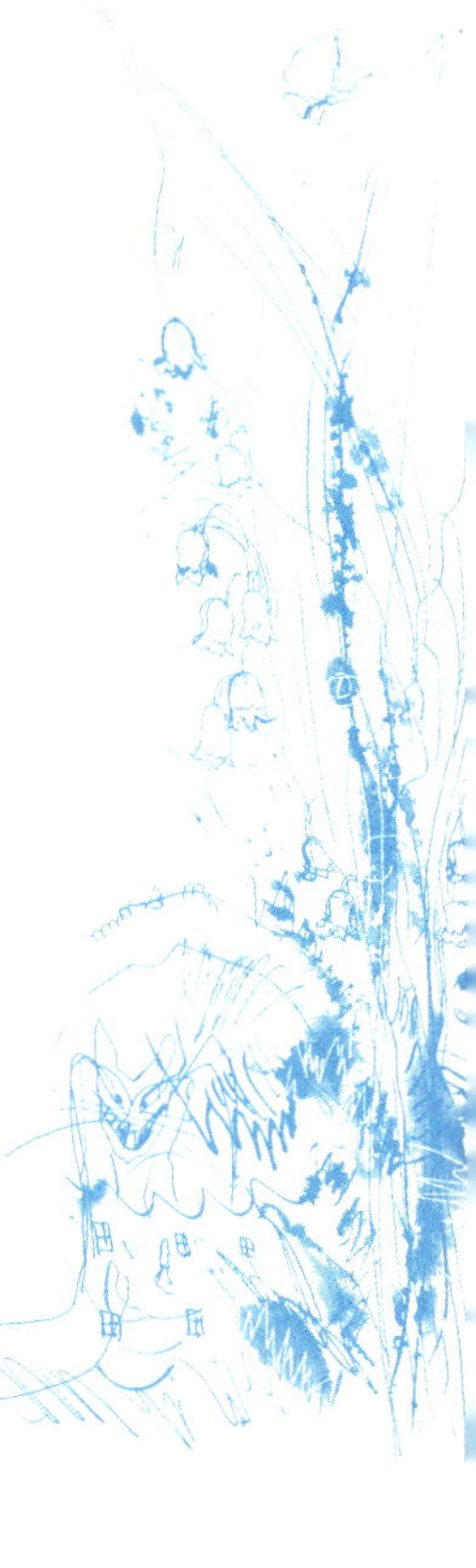

赤い壺の底に預けておいた言葉を次々と高音で語る。

「大丈夫、あなたはやれば出来る人よ、今は少々疲れているだけよ」

いつか友達が電話で言ってくれた言葉だ。

私は先輩や友達からの励ましの言葉、褒め言葉、たとえお世辞だなと思っても嬉しい言葉を、思い出したようにこの赤いクリスタルの壺に入れておく。

言葉の貯金である。

「あなたって本当にいい人」

「何でも一生懸命やって偉いわねえ」

「あなたの詩好きよ」

多分多くの人が聞いたら「ええー?」と横を向いてしまうような言葉をだ。本に書いてあるような良い言葉は一つもない。

落ち込んで見つめると、赤いクリスタルの壺はその中の幾つかを適当に読んでくれる。私は子守唄のようにそれを聞いている。それですぐ元気になるほど、私だって単純ではないけれど、止まったままの心が少し揺れる。赤いクリスタルの冷たさが心地いい。赤い光の向こう側に何かあると感じる。心が動き出すのだ。

ただ、赤いクリスタルの壺は、この頃、私が見つめても、うんざりと横をむいていることが多い。仕方がないから、そんな時は、良い高音の声が聞けるようにと、柔らかい布で赤い光を、せっせと磨く。

それにしても、貯金にする言葉を最近もらわないな。なんでだろう。

扉

私は運動嫌いである。しかし、食べることは大好きである。それゆえ太る。これでは困ると、スポーツジムの会員にだってなった。でも会員証を使ったのは、二年間のうち数えるほどだった。

もう女はやめましたと、太るにまかせていた。

「運動しなきゃだめでしょ。だめでしょ」

娘が口やかましく言い出した。どうも、介護の不安を感じてきたらしい。

「倒れたらすぐ病院に放り込むよ」

毎日のようにおどかされ、やっと重い腰をあげた。

とりあえず毎日一時間ほど歩くことにした。歩くならば一番好きな時間帯の夕暮れ時である。灯りがにじんでいる。人々は足早に互いに無関心である。車の往来が激しくなる。街路樹の欅が時々ため息をつき揺れる。この空気のなかにすっぽり入り込んでしまう。時空の違う世界に来たと感じる瞬時である。

いろいろな人と出会う。思いもしないことがおこるのだ。

夕陽が沈み、青に少しずつ灰色を流し、空が深さを増していくと、青梅街道沿いにある三階建てのマンションが浮かび上がる。ゆるやかな光のなか、横に五軒の扉が整然と並んでいる。

いつも何故か懐かしく見上げながら通っていた。

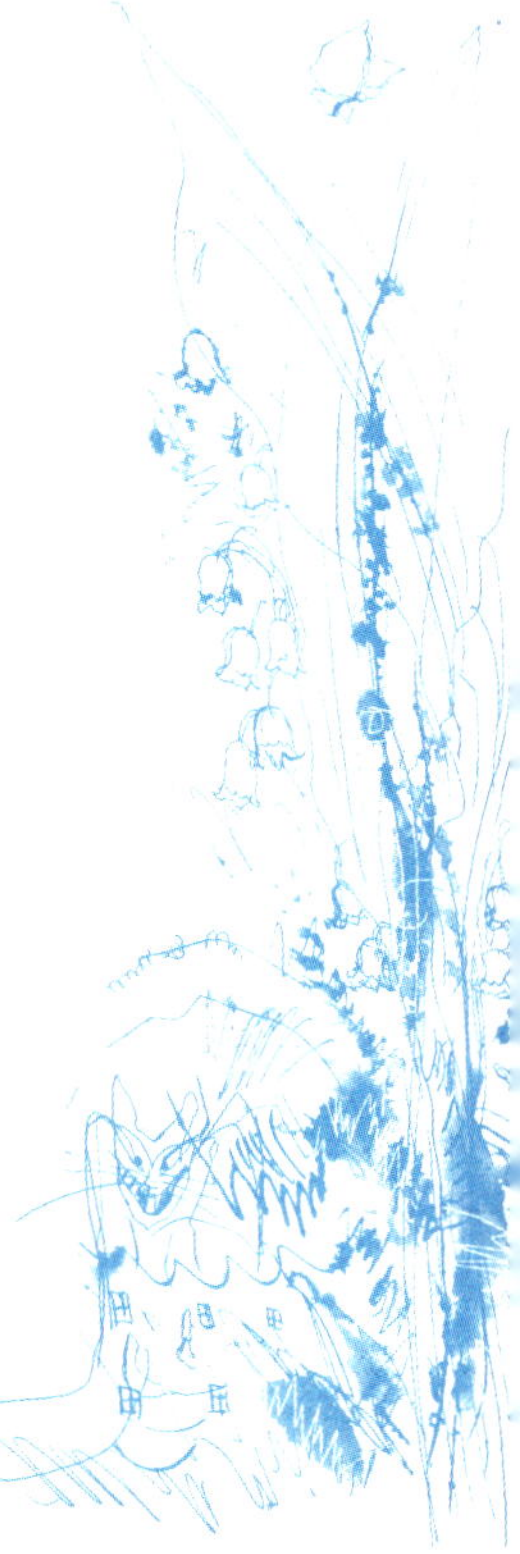

二階の右から三軒目の扉が開き、男が一人出てきた。ふと、立ち止まった私に右手を上げている。父だ。こんなところに住んでいた。私は目を凝らしもう一度見据えた。やはり、少し照れたような顔をして父がそこに立っていた。

「どこにいくの」

　思わずでた言葉。

「お前に会いに来たんだ」

「珈琲でものむかい？」

　昔のままのおだやかな口調だった。

　マンションの下の小さな喫茶店に入り、窓際の椅子に座った。父は、嬉しそうだ。

「ここの珈琲、意外に美味いんだ」

　珈琲はやはりブラックだった。ゆっくりと味わい口にする飲み方も懐かしい。私が珈琲を好きになったのは、父に連れられ外出した時、いつも喫茶店に寄ったからだった。なんだか、それが日常から外れているようで、とても楽しかった。ちょっぴり、おとなになった気分だった。

「変わらないね、元気だったと聞くのも変だけれどね」

　少し照れくさく、笑いながら珈琲を口にする。

「そうだな」

　父も左手に持つ珈琲カップを見ながら苦笑する。

「何か用事があった？　話したいことでもあったの」

「別に、ふと思いついたんだ」

遠い目をして答え、美味しそうに珈琲を飲みほす父。

「じゃあな」

と、マンションの扉の向こうに消えた。

七年前に逝った父は相変わらず無口だった。

あそこに父が住んでいる。扉を見上げていると、再び扉が開き塾のカバンを持った男の子が飛び出し、私には目もくれず走り去った。

あれからも、毎日マンションの前を歩いている。体重は少しもかわらない。

お化けとの語らい

久し振りのやわらかい日差しに、三階の窓を開け空からの風を入れる。レースのカーテンに、人影が揺れた。

「だれ？」

「おばけ」

照れくさそうにカーテンから顔を出した。

「嫌だ、私そっくり」

叫んでしまう。

「違うよ、あなたの若い時でしょ」

おばけのくせになまいきに口を尖らす。

「何で、昼間から出て来るの。怖くないおばけもいるの」思わず見つめていた。

「夜出るのは幽霊です。おばけと幽霊は違うことも知らないの。それに、おばけが怖いなんて固定観念でものを見てはだめよ。詩人でしょ」

ぴしりと言われ、よく解らないまま納得してしまういつもの私。

「どこから来たの」

「来たのはあなたのからだの中から。いつもあなたの中で、揺れているのに気づいていたと思っていたけれど」

「知らなかった。本当？　驚いた」

「いろんなこと聞きたいでしょ」

おばけの上目づかいに見る得意げな顔が、あんがい可愛いなと思いつつ慌てて頷いていた。

「おばけはね、すべての人の中にいて必ず揺れているの。もちろん男の中にも女の中にも。その人と同じ顔をしてね」

わかるかしらと私を見つめる。

「だけど、おばけは四十歳以上歳をとらないから、今のあなたと同じ顔をしているわけがない」

きっぱり言い切った。

「そんなことない。私は、皆に若いと言われるもの、変わっていません」

今度は私が口を尖らす。

「人は歳をとると、鏡に現在の自分がきちんと映っているのに、からだの中のおばけの姿を都合よく見ているのよ。そして、自分の歳を忘れるの」

困ったものだと大きくため息をつく。

でも、すぐ顔を上げにっこり歌うように言った。

「もっと面白いことは、おばけって嘘をつくのが大好きなの」

「からだの中で小さく本当はこうじゃない、実はそうじゃないのよと、囁くの。それもすべてが嘘じゃないのよ、少しだけ本当を入れてね。その方が真実味を感じるでしょ」

私の耳は大きくなり思わず聞き入ってしまう。

「人の心って頼りないから、すぐ揺れるの。揺れては悩み、悩んでは揺れるの。一緒に揺れながら人が悩んでいる姿を見るのが楽しいの」

「本当に楽しそう。おばけって意地悪なのね」

思わずにらみつけていた。

「大丈夫、おばけは気が小さくて大きな嘘はつけないから。それが悔しいのだけれどね」

そして、しみじみと自分に言い聞かすようにつづけた。

「一人の人の中で姿を現さず暮らすのって切ないものよ、それぐらいの楽しみがなけりゃね」

「今日は春風の誘いにのって出てきてしまったけれどね。それに、悩むことが嫌いじゃない人も結構多いよ。とくにすぐおたおたする誰かさん」

髪を風に揺らしくすりと笑う。

私は知らん顔をして、窓の外を見る。青い空に大きな綿雲がぷかぷか流れていく。

ふと、学生時代に、いろいろあって彼と別れたことが思いだされた。

あの時のすて難かった愛、揺れる想い、どうしようもない嫉妬。

「おばけは私のからだの中にいたの？」

こわばる顔で振り向いた。

「悩むことなかったのに。人は信じあわなければね」

首をすくめるおばけ。

「まだまだ、いっぱい、いっぱい」

さらりと言いつつ消えた。
カーテンが大きく揺れ、入ってきた風が私のからだにひんやり吹きこんできた。

のぞき見る

私の家の庭は猫の額ほどである。そこに、不釣り合いな大きな庭石がどんと置いてある。以前は、もう少し庭が広かったので、トラックで庭石を売りに来たおじさんから買ったのだ。

「この樹の下に庭石を置くとほらこんなに雰囲気が違うんだよ。趣きがあるだろう」

おじさんは愛おしそうに石を撫でながら言った。

まだまだ続いた。

「この石はいい庭石なんだよ。よく見てごらん自然の表情がいいだろう。ほら、この石もここに居たがっているよ。まけとくよ」

私は、庭石をそんなに気軽に買ってもいいのと思いつつ、この庭に本当に居たいのと、まじまじと庭石を見つめた。

庭石の表情のなかに、私は何かいわれのない素っ気なさを感じた。そこが気に入った。買った。

「まけとくよ」にも負けたところもあるな。

庭石は私の家の庭に座った。

古い家を建替え、古いものをどんどん捨てた。設計士はさらりといった。

「この庭石も捨てましょう」

私はあわてて首を横に振った。

「これは庭石です。庭に置いてください」

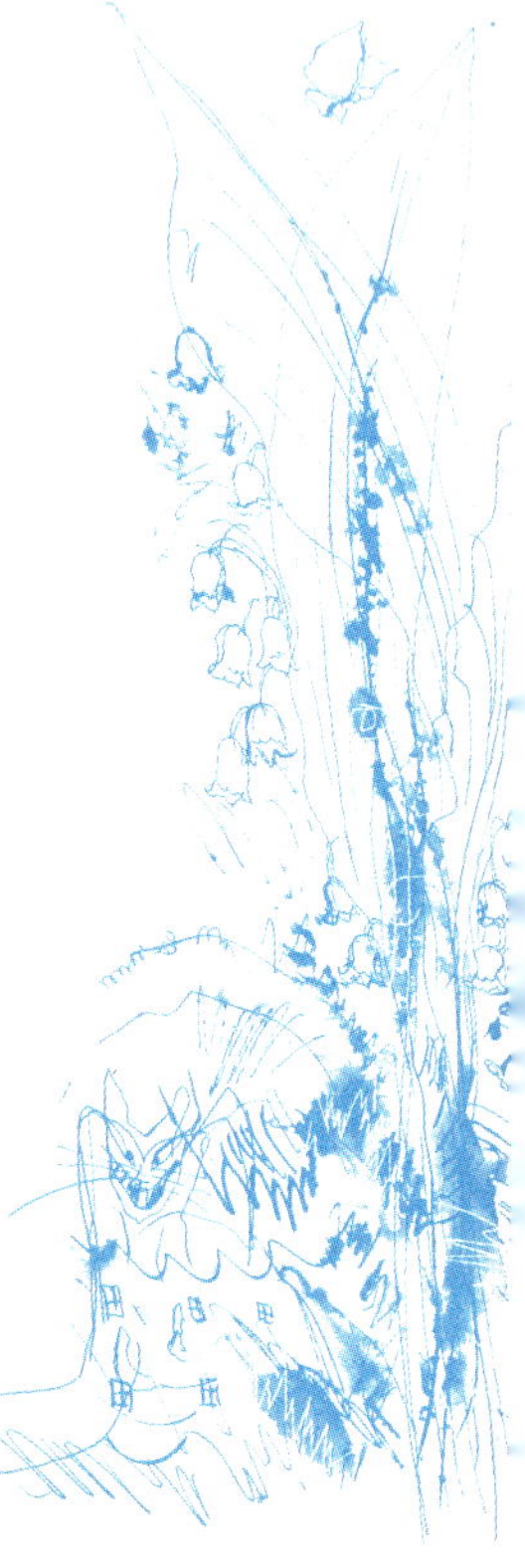

だって、長年の付き合いである。情もある。今更庭が狭くなったからって、追い出すなんてできないと思ったのだ。設計士は少々困った顔をしたけれど。

でも、庭石を置いておいて本当によかった。

新しい家に慣れてきて、庭にも目がいくようになった。仕事に疲れてそっと窓をあける。庭石がよく見える。ただなんとなく見つめる。

ある時、目を疑った。庭石がほんの、ほんの少しずつ動いているのだ。

「うそでしょ」

私は思わず声をあげた。見つめた。目を皿にした。庭石はぴたりと動かなくなった。庭に出て石のそばにかがんで見た。確かに動いた形跡がある。

次の日に、出て見るとちゃんと元の位置にいる。

「昨日、動いたでしょ？」

庭石に向かって言ってやる。素っ気ない表情は変わらない。その日以来、窓をそっと開けるようになった。そっとのぞき見るようになった。

するとどうだろう。庭石は鼻歌（石に鼻はないけれど）のようなものまで歌っている。いや、うなっている。勿論、ほんの少しずつ動いたりもしている。ただ、ちょっとでも音がしたり、人影を、鳥影さえも感じたら、ぴたりと元の素っ気ない表情の庭石にもどる。

でも、最近私には気を許したのか、知られてしまったからと居直ったのか、のぞき見ていても、動いたり、鼻歌を歌ったりしている。

そのうち、私の得意な演歌の「大阪しぐれ」を教えてやろう。

すずらん印のマニキュア

私は爪の形が悪い。だからだろうか女性のすっと長い爪を見たら、色っぽいなあと、どきどきする。

真紅やローズピンクのマニキュアがぬられた爪を見ると「うーん、きれい」とため息がでる。この頃、爪に花や星のアートを描いている若い女の人も多いけれども、私はやっぱり一色のほうが好きだ。

さて、これは内緒の内緒の話だけれど、私は不思議なマニキュアを持っている。ずいぶん前のこと、阿佐ヶ谷駅前すずらん通りの小さな化粧品店で、思いがけず小さなビンのブルーのマニキュアを見つけた。すずらん印のラベルが張ってあった。

ブルーのマニキュアなどぬったことがないのに自然に手が出た。

ブルーは、空と海の青があり、どこか悲しみまでも持っていた。その上、すずらんは可憐な顔をした毒草である。少し、秘密めいているような気もしたのだ。

家に帰ると早速私の丸まった爪にブルーのマニキュアをぬった。すると、どうだろう、爪は少しずつのび形のいいブルーの爪ができあがった。嬉しくなり外へ出た。

私は、嬉しくなると太陽にあたりたくなる。手を青い空に向かって上げ、妙正寺川沿いのコブシの樹を、長く少しとがったブルーの爪ですっとさわった。

すると、樹がかすかに揺れ、ひと筋の傷が走り、そこから水がそっと流れ出てきた。びっく

りして、あわてて止めようと水の上に両手を置いた。水は私の手を伝ってからだの片隅に少しずつ落ちてきた。

そこは自分では見たくない思いが、置いてあるところ。ちょっとした思いの行き違いで疎遠になってしまった友のこと、母への厳しい言葉、などなど。落ちてくる水に、ぽつんぽつんと叩かれた。叩かれるとやっぱり痛い。自然に思いを覗きこんでいる。

悲しくなる。相手の悲しみも見えてくる。でも、気づいたら不思議に心が温かくなっている。

それからは時々ブルーのマニキュアをぬって、コブシの樹に逢いに行く。からだの片隅の思いが増える。ブルーのマニキュアは残り少ない。

あわてて買いに行くと、すずらん通りの化粧品店には、閉店の札がかかっていた。

誰かすずらん印のブルーのマニキュアを売っているところを知りませんか。

海の時間

広場の芝生を少し下ると、目の前は真っ青の海がどこまでも広がっていた。

象はバシャバシャと波をふんづけ進んでいく。

「ちょっと待って、わたしは泳げないし、潜れないよ。まだ死ぬのはいやだよ」

大声を上げる。

「大丈夫、波の音に合わせてそっと呼吸をするんだよ」

いかにも自信ありげに象は牙を左右に動かし答えた。

海の底は世界地図にのっているのかしらと思いつつ、わたしは象の左耳の端をしっかりにぎって、降りていった。

イワシの大群が目の前を通り過ぎていく。キンメダイが整列して泳ぎながら、こちらをちらりと見ている。わたしが指をパチン、パチンとならすと、珊瑚の中から美しい魚が出てきた。サザナミヤッコやチョウハンという名前らしい。魚も音が聞こえるのだ。

象は何でもよく知っている。長い鼻がゆるりと動く。

「ほら、あそこにあるのは遠い日に沈んだ破船だよ。船と共に沈んだ人も静かに暮らしているのさ」

「横にある幾つもの大きな岩が時々にぶく光っているね」

「あれは空から降りてきて、海の方が気に入った星たちさ。人魚の隠れ家にもなっているんだ

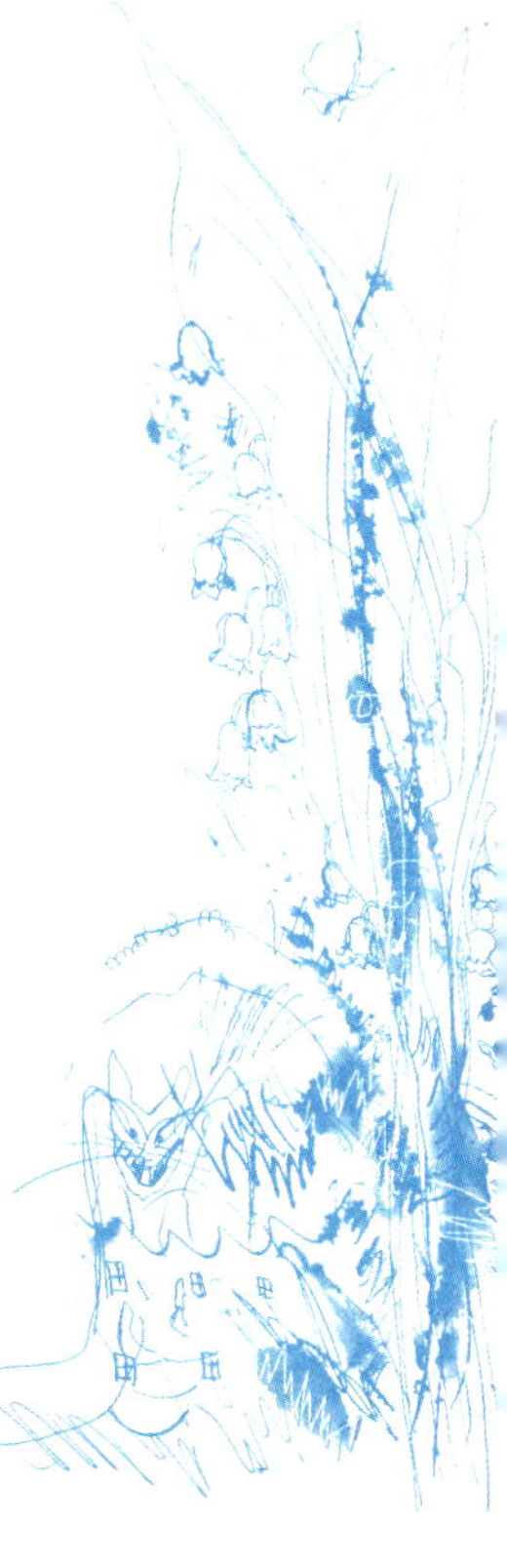

よ」

象はどんどん得意げにしっぽで小波をたてながら話す。

「月だってそうだよ。夜空に月がないときは海の中で、ごろん、ごろんと転がっているのさ。時々、海が黄金色に輝いている時があるだろう」

「ねえねえ、魚たちや、船に住んでいる人たち、星や、人魚と話がしたいよ。聞きたいことがいっぱい。魔法、魔法」

わたしは思わず象に向かって手を合わせていた。

「海の中では魔法は使えないんだ。いや、使わなくていいんだよ。静かに海水の揺れに身をまかせよう」

象は全身の力を抜いてふわりと横になる。

わたしもゆるりと寝そべった。

こつこつと音のする破船を覗くと人影が見え、どこか悲しみをこえた温もりと、ゆっくりとした時間が流れている。

星の岩にからだを寄せると、ほんのり甘い温かさだ。なぜかどきどきとした。

聴こえる。見える。揺れる水の音が、色が小さな鈴の音色となって、ひかりと共に万華鏡をつくっている。

「海の底では誰とも話せなかったけれど、静かに耳を澄ましたら、心がいろんなものに触れたよ。魔法なんていらないね」

わたしはなんだかとてもうれしかった。そして、続けて言った。

「大切なものっていっぱいあるんだね」

象も耳をゆらし大きくうなずき笑った。

小さな手と長い鼻をつないで海面にでた。海の流れで遠くにきたようだ。ここはどこだろう。

月明かりは透明だ。星もゆるやかに輝いている。やさしい風の音がする。

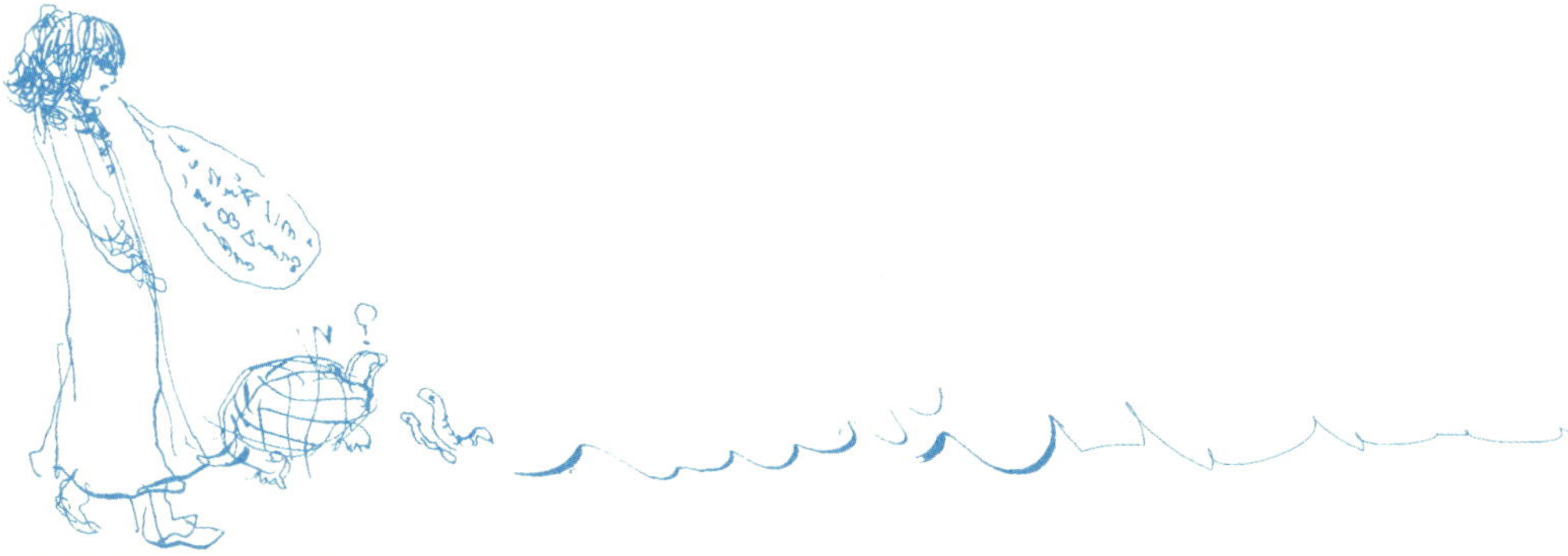

大切なもの

困った。忘れ物をした。大切なものだった。もっと困った、その大切なものが何だったか忘れてしまった。

　頭を抱え込んでいるわたしの肩を、ゾウの鼻が撫ぜた。

「一緒にさがしてあげようか。背中にお乗りよ」

うなずくがはやいかわたしは〈エイッ〉とゾウの背中に飛びのった。

〈痛い〉ゾウの細くて硬い毛がわたしのお尻をチクリと刺した。

ゾウは空を見上げ、大きな耳をゆっくり羽のように動かしている。少しずつ空に向かっているみたい。カラスがじろりとにらんでいる。

わたしはゾウの背中にしっかりつかまったまま言った。

「あんまり揺らさないでお尻が痛いよ」

「雲の上は歩きにくいんだ」

ゾウは申し訳なさそうに呟きながらゆっくりと足を運ぶ。

「えっ、いつの間に空の上なの」

わたしは思わず辺りを見まわした。

「ほら、あそこに見えるうろこ雲は、見る間にかたちが変わる不思議な雲なんだ」

ゾウは指さしながら、いや、鼻さしながら教えてくれた。

遠くで〝ぴかっ〟と光った。〝ゴロゴロ、ゴロ〟とはげしい音がした。

「あっ、かみなりだ。近づいちゃあぶない。でもきれいだよ。下を見てごらん。雲を突き抜けていくよ」

「ほんとだ。きれいだ」

赤、黄、紫色の鋭い稲妻が空から下りていく。

「わた雲が見えるね、もうすぐ、下は雨だね」

まるで、ゾウは雲博士だ。

ゾウは首をふり、時々鼻息でふうっと雲を吹き飛ばして、歩きながら言った。

「雲の穴に落っこちて、沈んでしまったら大変だ。まあ、それは、それで面白いけれどね」

「どこにでも穴があるんだね」

「そうさ、君の中にもね。今度そっと君の中の穴に身を沈めてごらん。ボクも時々、ボクの穴の中深くに身を置くのさ」

ゾウは目をふせ何かを思うように言った。もっと、深く話そうとしているようだった。

なのに、わたしは、聞く耳をもたなかった。

「早くさがそうよ」

ゾウの耳を思い切りひっぱった。ゾウはよろけて雲の穴に落ちた。わたしも一緒に落ちた。

穴は突き抜けてはいなかった。

ゾウの鼻とわたしの顔だけ雲の上、からだは雲のなかでほんわか温かい。

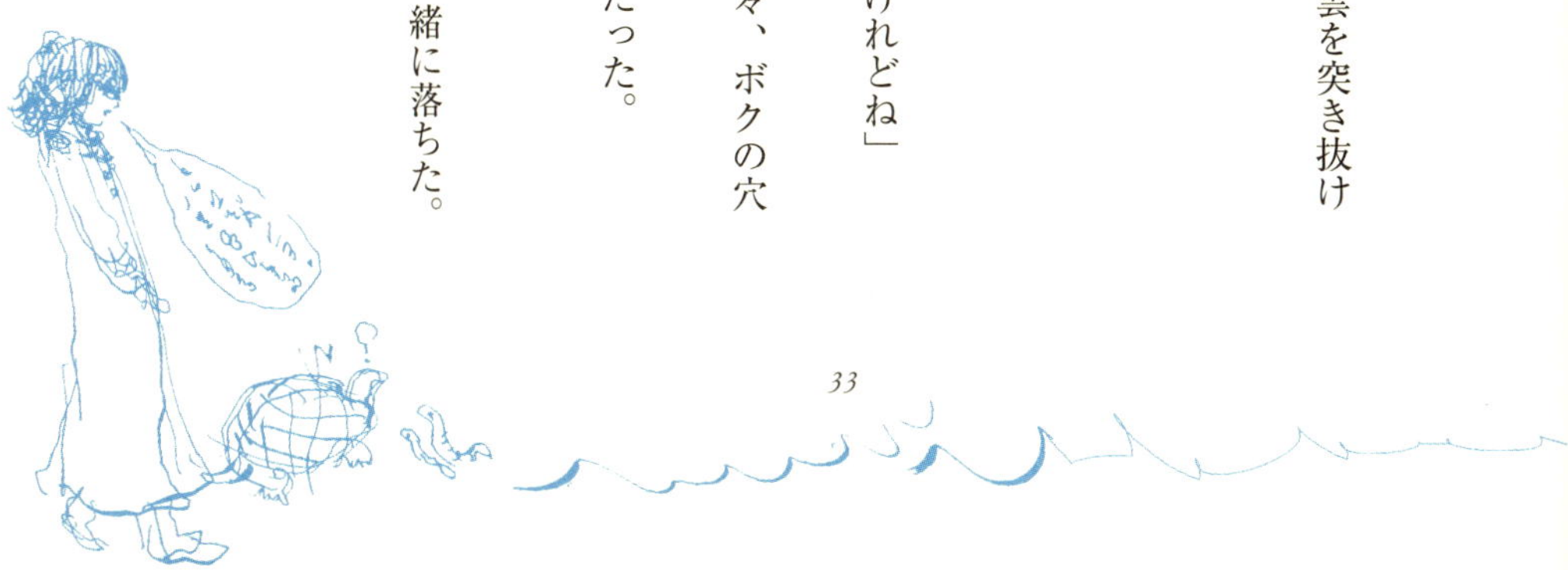

ぐるりと辺りを見渡した。飛行機雲が飛んでいる。うす雲が現れたり、消えたりしている。

もこもこした雲が、懐かしげに近づいて来た。

「サンゴこんなところにいたの」

昨年、逝った飼い犬のサンゴだ。千切れるように尻尾を振っているんだもの。わたしの顔だって、うれしくってくしゃくしゃだ。

ゾウと共にやっとこ、這い上がった。雲の上では力の入れ加減が難しい。そっと、歩きながら辺りを見まわした。雲の鳥が飛んでいる。雲のキリンが歩いている。

「ここでは、死んだら星ではなく、雲になるのかしら」独り言が出る。

ゾウは太い首（?）を上下に動かした。

「それにしても、大切なものは何だったんだろう。早くさがさなければ、ゾウ」

わたしは雲の小さな穴を見つけのぞきこんだ。原っぱで、カエル、ウサギ、タヌキたちが、答えのないなぞなぞ遊びをしているのが見える。

「答えなんていつもないさ」

ゾウが、ぽつりと言う。

「いくら考えても、大切なものが思い出せないのだから、大切なものではなかったのかもしれないね」

わたしは、半分あきらめるように下を向いた。

ゾウは鼻を左右に動かし少し低めのやわらかい声で言った。

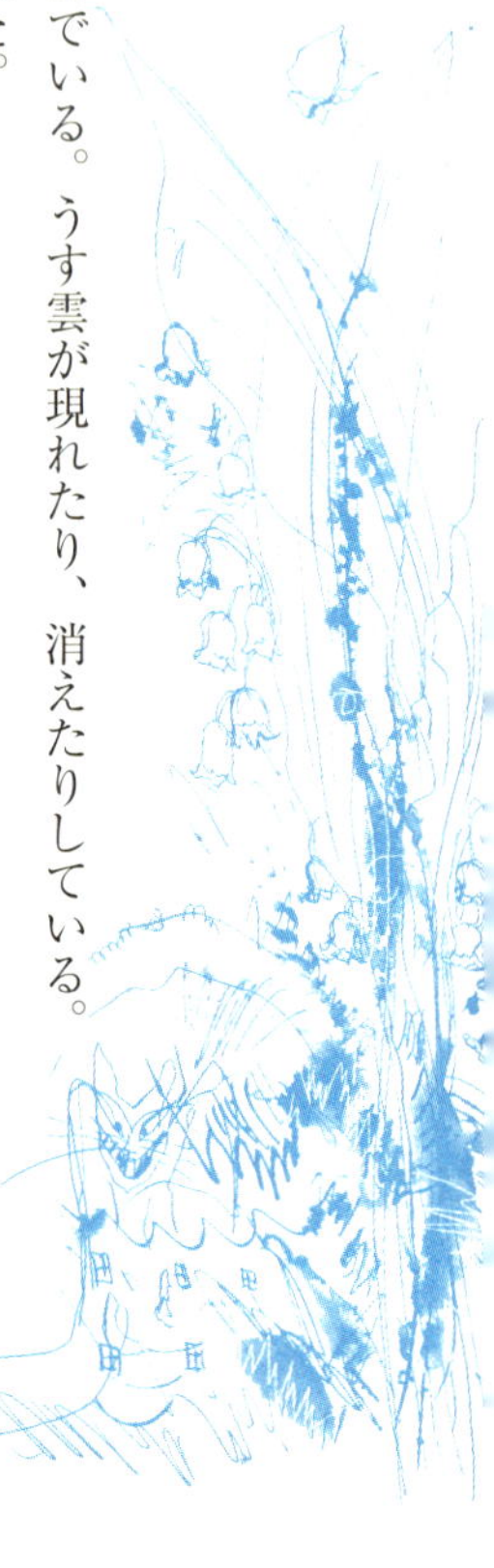

「星の王子さまが出会ったキツネの言葉を、思い出してごらん」
そして、そのキツネが話した言葉を続けた。
『大切なものは心で見ないと目には見えないんだ*』
ゾウは優しい目をもっと優しくしてわたしの顔を見つめた。

＊　サン＝テグジュペリ『星の王子さま』より

聞きっこ遊び

「もうここに滞在して何日目だろう。昨日からだっけ、いや違うな。さっき、ゾウの作ってくれたプルプルオムレツを食べ過ぎて考えられない。お腹にすきまをあたえなきゃあ。そして、今夜は満月だ」

独り言を言いながら庭に出ると木陰にゾウがいた。

わたしは背中をポンとたたいて言った。

「ゾウ何しているの、遊ぼうよ」

「シーッ」

鼻でうなずきながら、そっと耳を揺らし目配せをする。

月明かりの向こう側から、木々や草花たちの揺れ動く姿と内緒話が聞こえてくる。懐かしい匂いもしてきた。

「今日は本当に暑かった。ティラノサウルスだった頃は寒いのが苦手だったけれどね」

クスノキは星の光にからだを冷やしている。

「ぼくは多分人間だったような気がするんだけれど……」

シイノキは自信なさげにつぶやいている。

「わたしはハゲタカだったの」

細い声のスミレ草。

「いいじゃない。花首しゃんと上げなさい。わたしはキリン。生まれかわる前は遠くまで見えたのよ」

タンポポは明るく声をかけている。

わたしの耳はダンボの耳になっていた。

「ねえゾウ、わたしは死んだら何になるんだろう? 大きなブナの木がいいんだけどなあ」

「それは、おたのしみなんだよ」

ゾウは細い目をもっと細くして答えた。

「だけど、聞き耳たてるって楽しいね」

「それなら、聞きっこ遊びをしようか?」

ゾウの提案にうれしくなって何度もうなずいていた。

「一生懸命相手の声を聞くと、その場所に行っちゃうんだよ」

ゾウは細い目をもっと細くして笑った。

「じゃあ、わたしは、ゾウの声を一生懸命聞いてここに来たんだね」

思わずスキップをしていた。

ゾウはもう耳を静かに開いて何かを聞こうとしている。

わたしも目をぎゅっとつぶって耳をすましました。

ヒューールル　サー　ヒューールル　サー　風の音のなかに聞こえる。

「ウオーン　ウオーン」

誰かが呼んでいる。

ゾウも大きな耳をパタンパタン動かしている。と、飛行機のように飛び上がった。わたしは置いてきぼりにされたら大変と尻尾にしっかりつかまった。

夜間飛行だ。

「今日は、誰に会えるのだろう。楽しみだね」

飛びながらゾウは言った。

「ズシン、ズシン」

深い森林の中からの大きな音にびっくりして下を見た。恐竜たちだ。ディプロドクス、アパトサウルスが歩き、茂った木の葉を食べている。

ゾウとわたしはそっと着地すると、呼び声がする羊歯の巨木の下に駆けていった。そこには大きな卵と共に、目を閉じたティラノサウルスが横たわっていた。水を差し出したが遅かった。目はふたたび開かなかった。

ゾウは長い鼻で大きな卵をゆるりゆるりと何度も撫ぜた。大きな卵はことりと動いた。ゆるやかに割れてティラノサウルスのあかちゃんの顔が見えてきた。

ゾウの尻尾がピンピンはねた。

「よかった。よかった」

わたしはゾウのお尻をポンポンたたいた。

今頃、ゾウはどこにいるのだろう。誰の声を深く耳にしているのだろう。
今日もわたしは窓際で聞きっこ遊びをしている。
これは内緒だけれど、わたしの耳は少しずつ大きくなっていくみたい。

赤い公衆電話

さわさわと、何時もと違う朝の音がした。久しぶりに雨戸を開けると、いつの間にか裏庭をバジルが占領している。

　スミレや、タンポポはどこへ消えたのだろう。大好きなイチゴも植えたはずなのに。知らぬ顔をして吹く風はさわやかすぎる。

　バジルに隠れるように赤い公衆電話が一つ座っている。けたたましくベルが鳴る。

「私、携帯電話持っています」と思わず口に出る。

　いつの間にか一緒に住んでいるウミガメモドキが、びっくりして首をひっこめる。マンボウサギ、タヌキリンが飛び出して来る。ウミガメモドキが来てから、変わった動物が集まってくるのだ。

　あわてて受話器を取ると、どこか懐かしい声。

「わたくしです。旅は楽しかったかしら?」

「えっ、どなたですか」

　上手く答えられない。でも、聞き覚えのある声だ。仲良しだったケイ子か。違うな、ケイ子とは仲良しじゃないもの。喧嘩別れしたヨシ子であるはずがないし。いやだ、考えこんじゃう。私の仲良しさん一人もいないなんて。

　人間じゃない気もするな。カラスのクロ吉か、それともイヌのサンゴか。

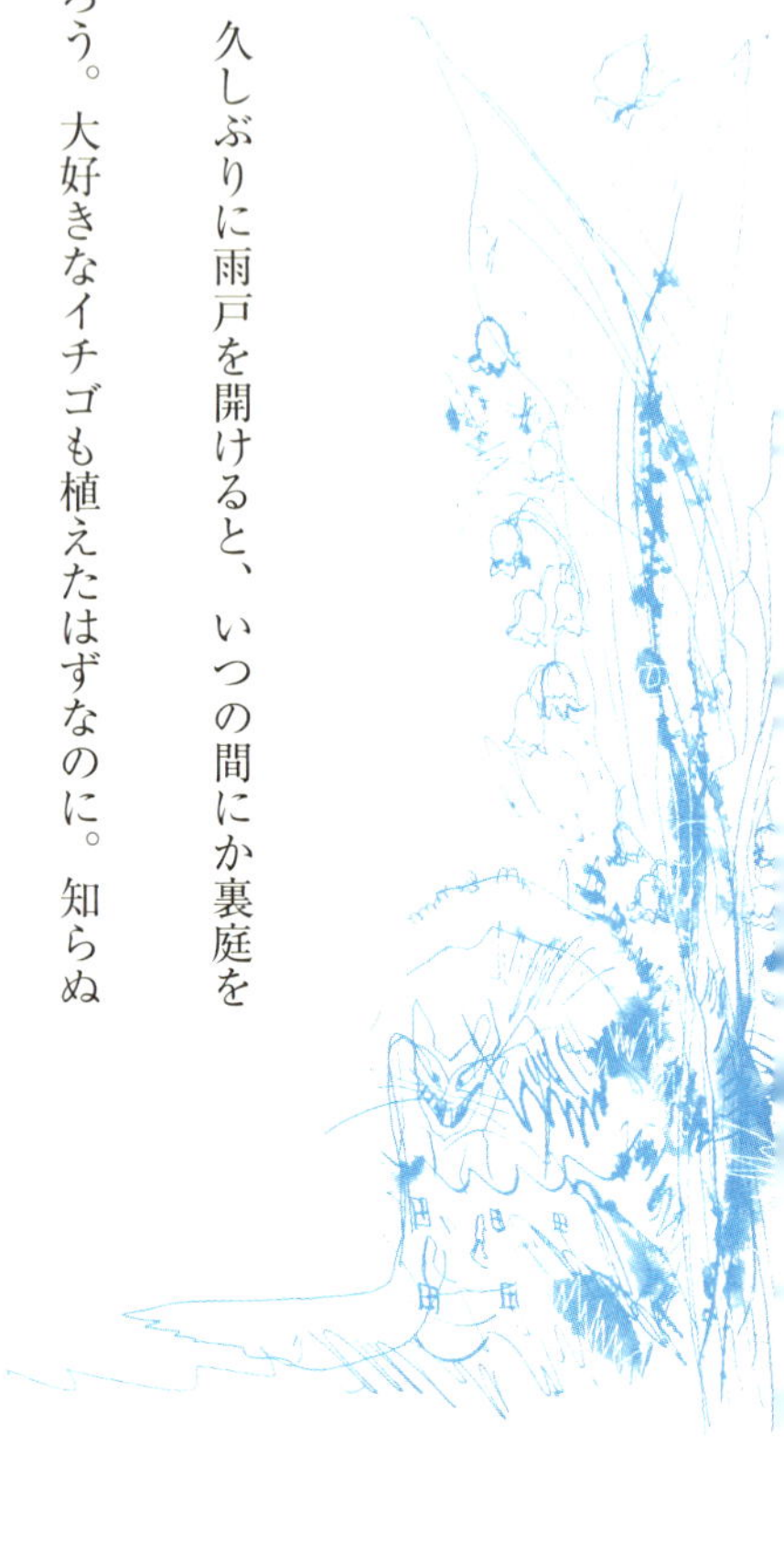

私は旅から帰ってからずっとひきこもっていた。いや、今も旅をしているのかも。人と話せば話すほど心は空回りして、言葉が絡みあってほどけなくなるんだもの。必死にほどいた言葉はよれよれで、しばらくは、使い物にならない。

だから、私は、どんどんつかう言葉が、なくなっていってひきこもるしかなかったんだ。

ひきこもっている間に絵本を何冊も読んだ。絵本に出てくる主人公たちは、多くを語らないところがいい。するりと、絵本の中に入り込んでもこちらを見ない。それゆえ、自由に動き、そっと寄り添う楽しさがある。いや、寄り添わない楽しさだってある。

もちろん、『不思議の国のアリス』の絵本だって何度も読んだ。冒険がすてきだった。いつの間にかアリスモドキになったりしていた。

「そういえば、あなたは本物のウミガメモドキよね。私は不思議の国で、地味だけれど、あなたが一番好きなの」

見つめる私のそばにきて、ウミガメモドキが首を甲羅から思い切り出して、涙をぽろぽろと流している。嬉しくっても涙がでるものね。

私も自然に涙を流している。ポロポロ。悲しいからじゃない。怖いからじゃない。

「あなたと一緒に暮らすようになって、私もいつの間にか泣いているのよ」

鼻をくしゅくしゅさせる。

「心はね、水分をいっぱい含んでいるから、重たいんだ。だから、涙を流せば流すほど、心は軽くなるんだよ」

ウミガメモドキは、大粒の涙を目にため、やさしく教えてくれる。

「そのとおりだったわ」

いつの間にか横でマンボウサギの目も真っ赤。

「本当におりこうなウミガメモドキ。でも、涙ってしょっぱいね」

タヌキリンは、黒い鼻をぴくぴくしつづける。

私もうなずきながら、ここしばらく人と語らなかった反動のように、思いがわきあがってきた。

「私は、今思うこと考えることがいっぱいあって困っているの」

語りだす私。きょとんとした顔で、ウミガメモドキが見ている。

「これは、内緒の内緒だけれど、不思議の国の、あの小さくなったり大きくなったりできる魔法の水のビンが、いつのまにかポケットに入っていたの。その魔法の水をひきこもっている間に、時々飲んだの。からだは小さくなっても、心はなにしろ水分でいっぱいでしょ。あまり小さくならないの。だから、自分の心の声がよく聞こえて、はじめは楽しかったわ。でも、だんだん、嫌になってくるの。心が見えすぎるって疲れるものなのよ」

大きくため息をついてつづけた。

「からだを大きくすると頭や肩を、あちらこちらにぶつけて痣が幾つもできたけれど、心の声が、聞こえにくくなるのでほっとしたわ」

マンボウサギが困ったように首を振る。タヌキリンはお腹をなぜながらうなずいている。

「ウミガメモドキも首をひっこめた時に自分の心がよく見えるのね。だから、いつも涙をながしているのかもしれないね」

わかったような顔をしてウミガメモドキを見つめた。そして、大声を出した。

「ねえ、ねえ、聞いている！」

ウミガメモドキは気持ちよさそうに眠っているんだもの。

バジルが風に揺れている。座ったままの赤い公衆電話のベルが鳴る。受話器をとる。

「わたくしはアリスです。ウミガメモドキは元気にしているようですね。よかったわ」

答える間もなく、電話は切れた。

目を覚まし、涙目で次の絵本をさがしているウミガメモドキに私は言った。

「今度は『クマのプーさん』にしましょう。プーさんの声がききたいわ。その上、私はハチミツに目がないの」

まさかの実物シンデレラ

昼下がりのお客として訪ねてくれる人がいない。途方にくれて目の前の本棚を見ていると、下の段にある、背表紙が少し破れた『シンデレラ』から微かな声が聞こえた。

「シンデレラがここにいますよ。訪ねて行きましょうか」

「来て、来て、待ってる。昼下がりのお客さま、まさかの実物シンデレラ。椅子とテーブルしかない小さな部屋だけれど、美味しいチーズケーキとアップルティならご馳走できる。あなたの心を聞かせてほしい」

背表紙の破れからはい出てきた娘は、絵本のとおりの可愛い顔。思い切り伸びをした姿は、案外と小柄。

「よく来てくれたわ、シンデレラ。どこでも好きなところに座ってちょうだい」

わたしの声はうわずっている。

「ありがとう。本の外へは久しぶり」顔に似合わず低い声。

「時々シンデレラの絵本を開いたら、あなたのいる場所、違ったり、居ないのは絵本をそっと抜け出していたのね」

「そうなの、私、本当は遊ぶことが大好きなの。舞踏会にも二人のお姉さんには『行きません』と言ったけれど、一人になったらさっさと行くつもりだったのよ。ぽろぽろ泣いたのは一番先に行きたかったから」

　ぽんぽんと言うシンデレラの顔を戸惑い見入った。

「シンデレラのイメージが変わってきたわ」

「まだまだ、あります。私は働き者になって、美味しいお料理を作っては、継母や、お姉さん達にどんどん食べさせて、肥満になってもらったわ。床だってうんと磨いて、蠟をぬってやりました。ただ、私まで転んだのは失敗だったわ」

「わたしが読んだ童話とはぜんぜん違うのだけれど」

「シンデレラのお話は『ペロー童話』と『グリム童話』が有名ね。どちらもそれぞれ面白い。でも、忘れてもらって困るのは、少し歴史は浅いけれど、私自身が語る『エラ童話』。エラって私の本名よ。この童話がそのうち本道になるでしょう」

　シンデレラの高い鼻がますます高くなる。

「誰に助けてもらったの？　代母さま、妖精、白い鳩なの？」

「私は他人の助けが嫌いです。自分のことは自分でする主義です。カボチャを馬車に、ネズミを馬に、クマネズミを馭者に、トカゲをおつきの者に、自分で魔法をかけました。本当は、私は魔女なのです」

「えっ、どうしてシンデレラが魔女なの？　わからない」

「実は、ずっとずっと前の前に、河合隼雄『ファンタジーを読む』の文庫本に忍び込んだのです。その時〈うれしいことに、期待し続けていると、思いがけない展開が生じてくるのである。見放していた心に、だんだんと活動が生じてくるのを見ると、どのような人間の力ではなく、そ

の人のたましいのはたらきによって、救いが生じてきたとしか考えられない。人間のたましいは常にファンタジーを心のなかに送りこんできていると言うべきであろう。それは、あるとき、一郎にとっては犬丸太郎という姿となるし、えみちゃんにとってはドンという猫になる〉を読み、私のたましいに期待しました。すると、私シンデレラにとっては魔女という姿となってそれがあらわれてきたのです」

「ファンタジーはたましいのあらわれね。信じるわ」

「舞踏会はどうだった。ダンスはできるの？」

「ダンスは得意です。私は遊び好きだといったでしょう。ただ、ドレスと宝石が豪華すぎ、重くてダンスがしなやかに踊れませんでした」

シンデレラは唇をかむ。

「でも、王子さまはあなたのことをとても気にいったのでしょう。よかったじゃない」

思わずはげます。

「まあ、私は顔もスタイルも美しいですからね。初めから気にいられると解っていました。勿論、魔法は使っていません」

すまし顔のシンデレラ。

「そうなんですか。まあいいですけれど」

聞きながすわたし。

「王子さまと私のお互いの気持ちを話しましょうか」

「聞きたいわ。絵本には書かれていない思いを」

「絵本のとおりで背が高く、顔はイケメン、ダンスは上手。耳もとで、何度も『すてきです』と、ささやかれました」

　ほんのり顔が赤くなっているシンデレラ。

「幸せね」

　わたしはチーズケーキをほおばる。

「でもね、うれしくなればなるほど、私が魔女だということを王子さまに知られたくなくて、魔女の低音を隠すため、必死に高い声で話しました。その上、魔女の手の爪は伸びるのがはやいので、舞踏会にも真っ白な長い手袋をして行きました。幸い王子さまには気づかれずにすみました。疲れました」

「そうよね。シンデレラが魔女だと知ったら王子さまは驚いて目を回すわね。それから、あなたの低音は魅力的よ」

「でも、やはり低すぎます」

　シンデレラは咳払いをする。

「どうして十二時に魔法がとけるようにしたの。自分で魔法をかけるのだったら何時でもいいじゃない」

「魔女は、時空をよく行き来するため、そこにある時間をうっかり忘れてしまうのです。しっかり時間を意識することが大切なので決めました。絵本でも忘れかけたでしょう。それにして

も、十二時はいい時間でした」

「ガラスの靴はどうだった」

「召使が靴をもって私を探しに来たとき、勿論、ぴったりでした。魔女の足は小さいのです。二人の姉には足の指を切って靴に足を入れるよう教えてあげました。痛かったかしら。私は向かい合う人にすぐ魔法をかけてしまう悪い癖があります」

「なるほど」

「これは、余談ですが、馬車になったカボチャは種のないまま腐ってしまい、馬になったネズミはもとのネズミにもどってからも、からだについた馬のにおいが残り、クマネズミやトカゲも人間のにおいが消えなくて、仲間外れにされ、居場所がなくて死んでいったらしいのです」

シンデレラの目は遠くを見つめている。

「最後に聞かせて。王子さまとの結婚と、二人のその後」

「王子さまには求婚されたけれど、結婚はしませんとはっきり断りました。魔女は体験しなくても、解ることがたくさんありすぎるのです。でも、絵本の中では二人で踊っているでしょう。みんなに夢をあげるのも大切ですものね。『エラ童話』今日はここまでにしましょうね」

アップルティを飲みほすシンデレラ。

ぼんぼん時計が三つ鳴ると、シンデレラは慌てて背表紙の破れの中に消えた。

ガラスの靴は忘れていなかった。

スナック「ドラマ」

スナック「ドラマ」は世田谷線沿いにある。夕方六時になると、少し欠けたカンバンに灯が入る。

いつもの緑色の電車はガタン、ガタンと音を吐き「市川家政婦紹介所」の前を通り過ぎると宮の坂駅に止まった。私は灯りを目当てに電車とは逆方向に二分ほど歩き、重たげな木の扉を押した。

店の中は薄暗くカウンターは七席ほど、壁際には真っ赤なソファーが物うげに並んでいる。いつだったか初めて入ってきた若者が、石原裕次郎の歌の世界だと言ったことを思い出す。

カウンターの中で電話を手にしていたママが顔を上げた。

「いらっしゃい。今、あなたの曲を有線にリクエストしたところ」

「ありがとう。元気だった」

いつものように、カウンターの隅に座る。

「あまり元気じゃないけど、なんとかね」

昔女優だった面影を残し、自称孔雀年生まれのママの口元は艶やかだ。

「次の曲の作詞は終わったの」と薄めの水割りを差し出し聞いた。

「着てはもらえぬセーターは編まないし、別れた人を偲んで旅にも出ない。男の人の願望の歌よと思っている私に演歌の女は難しい」

微かな氷の解ける音を聞きながら、私は首を横に振った。

「歌う時には結構感情が入っているのに」とくすりと笑う。

「ママはつくすのに疲れない？」

「疲れないけれど、気付いたらいつも独りなの」

小さくつぶやいた。

急に扉が開くと花屋の青井さん、洋品店の三上さん、世田谷新聞の黒ちゃんが入ってきた。

飲むより先に三上さんはマイクをにぎった。

「今日は嬉しいことがあったから歌うよ」

「十八番の『君恋し』どうぞ」

仕切り屋の青井さんが曲をいれる。黒ちゃんは掛け声を掛けながら大きな手で拍手をしている。

私の小声の「誰の曲？」に「フランク永井」とママ。

三上さんはもうフランク永井に成りきっている。

少し俯き加減にはいってきた桐田さんは、お母さんの認知症が進んでいるらしい。ざわめきに振り返ると、数人の主婦たちが、詩吟の集まりの帰りだとソファーに座った。カラオケの曲目の本が行き交い出す。

今夜は、ママの「悲しい酒」も聞けないし、「五番街のマリー」を歌う番はこないなと思う。

そっと席を立ち外に出ると風はない。

見上げると空の星が電車のガタン、ガタンと共に、ゆっくり揺れていた。

遺影

電話のベルが鳴った。

「母が逝きました」

突然の知らせ。仲良しだった従姉妹の静ちゃんが死んだ。

「ひさ子ちゃん私が出られないから、また遊びに来てね」

やわらかな声が、耳の奥から聞こえてきた。

「静ちゃんと話しているとほっとするの、絶対来るね」

言いながら、忙しさに負けて再び行けなかった私。彼女にもう逢えない。もう声が聞けない。寂しい。どうしてとの思い。信じられない。逢いに行かなかったことの後悔。

彼女は夫の転勤で長い間ドイツで暮らしていた。ドイツから帰って来た彼女宅を訪ねた時、彼女の変身ぶりに驚いた。昔の美人でスマートな彼女はいない。あまりにも太りすぎていた(人のことは言えないいけれど)。

「どうしたの　どうしたの」

思わず言っている私がいた。

「ドイツはビールでしょ、じゃがいも、ソーセージと美味しくて。食生活にすっかり馴染んだの」

相変わらずおっとり屋の静ちゃん。

「でもね、言葉は馴染めなくてドイツ語は全然だめなの」

にこやかな顔。中身は私の大好きな彼女のままだった。テーブルの前でしみじみ彼女を思い出していたら「お葬式の日が決まりました」との知らせが入った。

小春日和だった。斎場に着くと涙がこぼれた。花の中に彼女の笑顔があった。

「静ちゃん」

思わず声がでた。彼女の二十代いや三十代前半の姿なのだ。

「きれい」

涙の代わりに口元がほころんだ。

「母にね、遺影は若い頃の顔にしてねと言われていたんです」

娘さんが語った。

私はうなずいた。ある程度歳をとっていたら（もちろんこれでよいという歳はないけれども）遺影は若い頃の写真がいいと共感した。その日、なぜか悲しみがやわらいだ気がしたからだ。若い頃に交遊があった人は、するりと昔にもどれるし、交遊のなかった人も、その人の若い頃の姿を見て、自然に笑みが出るように思った。

家に帰ると早速娘に言い伝えた。

「私も遺影は若い頃の顔にしてね。必ずしてね」

「いいけれど、お葬式に来た人が斎場を間違えましたと帰っちゃうんじゃないの」

どっちにしてもたいしたことはないと私の顔をちらりと見た。

あわて者の私だから都合よく死んだ時の顔を忘れ、お葬式の若い頃の遺影を自分の顔だと思

いこんで、あの世にいくような気もする。
あの世では、歳をとらないと聞いたことがある。
静ちゃん若いままで待っていてね。私も颯爽といくからね。

ハッピーエンド

どうしても来れなかった渋谷に来ました。

夕日を滲ませた雑踏は私をもっと独りにします。気付くと貴方といつも待ち合わせた喫茶店の片隅に座っていました。

奈良から東京に出たての私は友達に誘われるまま、貴方の写真展「海兵隊について」を見ました。歴史や政治的なことは解らなかったけれど、兵士たちの瞳に惹かれました。

少年兵士のキラキラ光る目、老兵士の濡れて光る目が、私の中にある目と重なり合ったのかもしれません。

次の日どうしても、もう一度兵士の瞳に逢いたくてそっと見に行き、貴方に見つかり何故かうろたえた私が思い出されます。

最初のデートで半年後に仕事のため二年間スペインに行くと聞かされ、私は顔を上げることができませんでした。時間のある限り逢いました。

身振りよく貴方は「ニカラグアの荒野で小屋の中に入ったら、一面大トカゲが張り付いていて慌てて逃げ出した」ことなどをお酒を呑みながら話し、笑わせてくれました。

スペインからの手紙で、地下鉄の中で君とそっくりな女の人に出逢い、どきりとし感動しましたとの言葉に、ただただ嬉しく何度も読み返しました。

また、昨日は何十キロメートルも走ってから、忘れ物に気付きホテルに引き返しましたに、

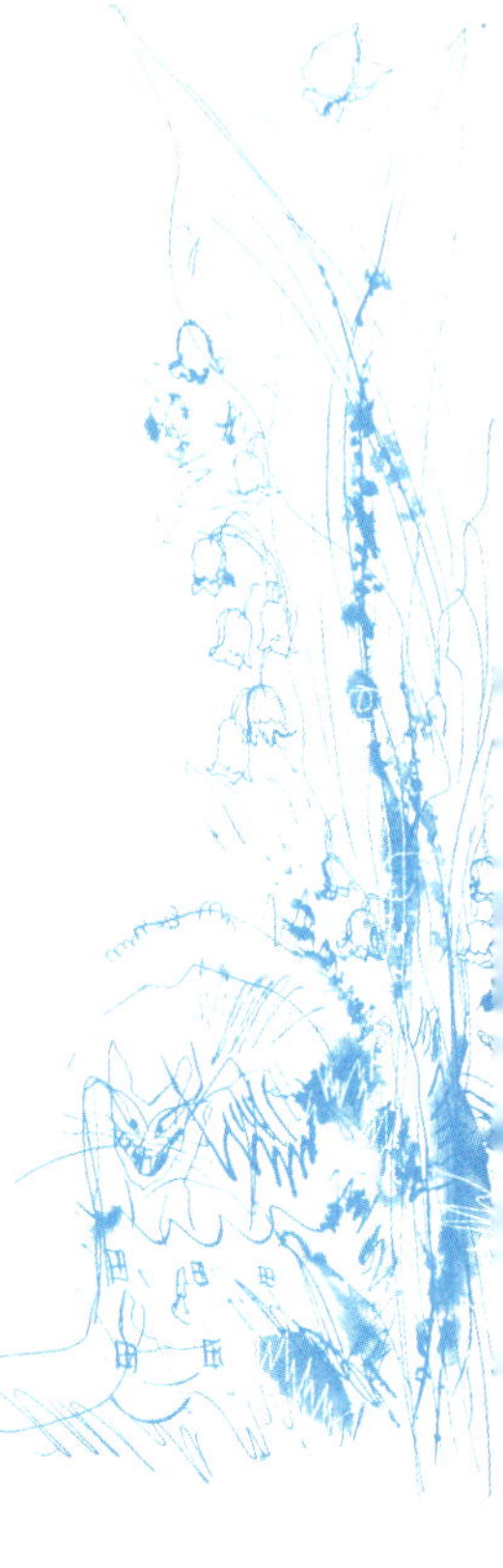

一緒にため息をつきながらも、顔がほころんでしまいました。

なのに、貴方はスペインからポルトガルに行く道で事故に遭った。愛用のライカと共に。

写真集「スペインの鼓動」を残して。

貴方の電話番号消えません。でも、押せません。鳴り続けるベルの音が恐いから。

外の風がはいって来るたびに振り返っています。

「恋はハッピーエンドでなければだめだよ」

深い目をして、いつもさらりと言ってくれました。

「やあ、ごめん、ごめん、待たせて」

そのドアーを開けてください。

黒皮の椅子も木のテーブルも変わっていません。

啖呵

喧嘩をするにもエネルギーがいる。頭がいる。度胸がいる。冷静さが必要である。なによりした後、心がからりとしていないといけない。

私はすべてだめである。エネルギーはともかく、頭が悪い。度胸がない。感情的である。その上した後、心がうじうじ湿りっぱなしである（特に友人に対しては）。だから喧嘩は苦手である。はずである。

なのに、すぐ頭にくる。人間ができていない。そんな時は考えるより先に言葉がでる。啖呵を切っている。

私は、仕事で阿佐谷まで自転車で通っている。急いでいる時は、細い道を通る。一列に、並んでいる学生たちを自転車のベルを鳴らして、追い抜いていった時である。

「なんだよ、ババア」

歳をとっても健在な耳はしっかりととらえた。

「ババア」は私にとって禁句だ。

「今、なにを言うたん。もう一度言うてみ！　年寄りなめたらあかんで」

腹が立ったら大阪弁がでる。

自転車を降りている。時間がないのにである。

「俺ら何にも言ってない」

学生たちは横をむき、喧嘩は買わない。彼らのほうが、人間ができている。

「またやってしまった」

家に帰り首をすくめる私に、娘は冷たく注意する。

「そのうち刺されるからやめたほうがいい」

その娘にだって啖呵を切っている。

「今まで面倒見てきた分、しっかり返してもらうわよ」と。

こちらも横を向き知らぬ顔である。

私だって、いつも啖呵を切っているわけではない。ある会でいわれなく「女のくせに生意気だ」と声を荒立てられ、一歩足が前に出かかった。でも、でも、場所を考え、ここでは我慢、我慢と飲み込んだ啖呵。

「それはこうだ」との強い意見に、ふと、ひるみ呑み込んでしまった、あの時の強い思い。言えなかった思いが、からだに残り時々痛い。

切らなかった啖呵、切れなかった啖呵より、思わず出た啖呵が愛おしい。

分別なんてもっともらしい言い訳なんか聴きたくないと、自分自身に啖呵を切っている。

久しぶりの奈良だった

京都で新幹線を降り近鉄線に乗り換えると、ああ帰って来たなと思う。車中での行き交う言葉や、見知らぬ人まで親しみ深く感じる。

車窓は変わっているのだが、少しでも昔の景色が残っていないかと、見つめてしまう。遠目に見る少し荒れた寺、塔、瓦屋根の民家。そして、曲がりくねった道などはやはり嬉しい。

奈良は狭い。バスは多く通っているが、何処へでも歩いて行ける。私の実家も奈良駅から歩いて十分もかからない。

父母の仏壇に手をあわせた後、妹と若草山の麓までぶらりと行ってみようということになった。勿論歩いてだ。

私は冬の奈良が好きだ。冷たい風の潔さ。人影のない公園に膝のあたりまで積もっている落ち葉。その中に一歩一歩足を踏み入れる感触、ザワザワと枯れた音。

一条通りを真っ直ぐ東に向かう。転害門をくぐり、右に戒壇院、左に荒池が見える。昔、ゆらりあふれていた池の水が今はない。枯れた池は池ではない。

この辺りは母の散歩道だった。黒目がちの鹿たちが、首を振り振り近寄ってくる。

「今日はパンのみみを持ってこなかったね」母の声がする。

私は「鹿の目はキリンの目に似ている」と独り言を言う。

大仏殿の裏の石畳を歩く。低い土塀の家は東大寺のお坊さんを父に持つ同級生の家だ。佐保

田君と小さく呼んでみる。優しくてちょっぴり泣き虫な男の子だったが、亡くなったと聞いた。でも、てれたように出てきてくれそうで門の中を覗いていた。

突きあたると二月堂、三月堂、四月堂が在る。二月堂から奈良の町を一望できる。

「あの辺りがうちの家やね」

妹が指をさす。

「三月堂の日光・月光菩薩立像もいいけれど、あまり知られていない四月堂の千手観音菩薩立像がいいよ」

私はにわか案内人になる。

校倉造りの正倉院の横を通り若草山へと向かいつつ、ふと思い出した。小学五年生の頃だったか、通っていた絵の教室で、私は一人の女の子にいじめられ、仲間外れになっていた。この辺りに写生に来た時も、何でいじめられるのだろうと思いつつ、一人、大木の根っこに座り黙々と絵を描いていた。柴山さんと言ったなあ。数年たって偶然会ったとき、「元気?」とにこやかに握手され、戸惑ったけれどすべて今となっては懐かしい。

若草山に着いた。麓の土産物屋の縁台で姉妹そろって大好きなわらび餅を食べる。ここは友の実家だ。でも笑顔にはもう会えない。

目の前になだらかな山が三つ重なりあっている。三笠山とも言うけれど、私は若草山の呼び方が好きだ。芝生と緩やかな丸みが山を優しくしている。

山上から駆け下りてくる子供たち。その中に遠い日々が見えてくる。

手をしっかりつないだまま小学生と中学生の女の子二人が転がり落ちてきた。あれは私と澄子ちゃん。麓に辿り着くと半べそと、てれ笑い、互いにセーターの枯れ草をはらっている。痛みや怖さではなく、ごろんごろん感がからだから離れない。

そして、山上でのできごとをも思う。私がいじめの相談をしたのだろう。お菓子を食べ終わると、澄子ちゃんが真顔で言った。

「あのな、人に好かれたいんやったら、自分が先に好きにならんとあかんよ」

私はこくんとうなずいていた。

大人になっても変わらず人間関係の苦手な私がいる。

「先に好きにならんとあかんよ」の澄子ちゃんの言葉を思い出し、自分自身に言い聞かすこと度々だ。なかなか、上手くいかないけれど。

丸い目で見つめるしっかり者の澄子ちゃんは、今も奈良にいるのだろうか。

地元奈良を歩くと忘れていたことが、大木の陰、土塀の内、山並から立ち上がってくる。懐かしい人々の姿が現れる。

でも、今も奈良に住んでいる多くの友人には、歩いても、歩いても出逢わない。

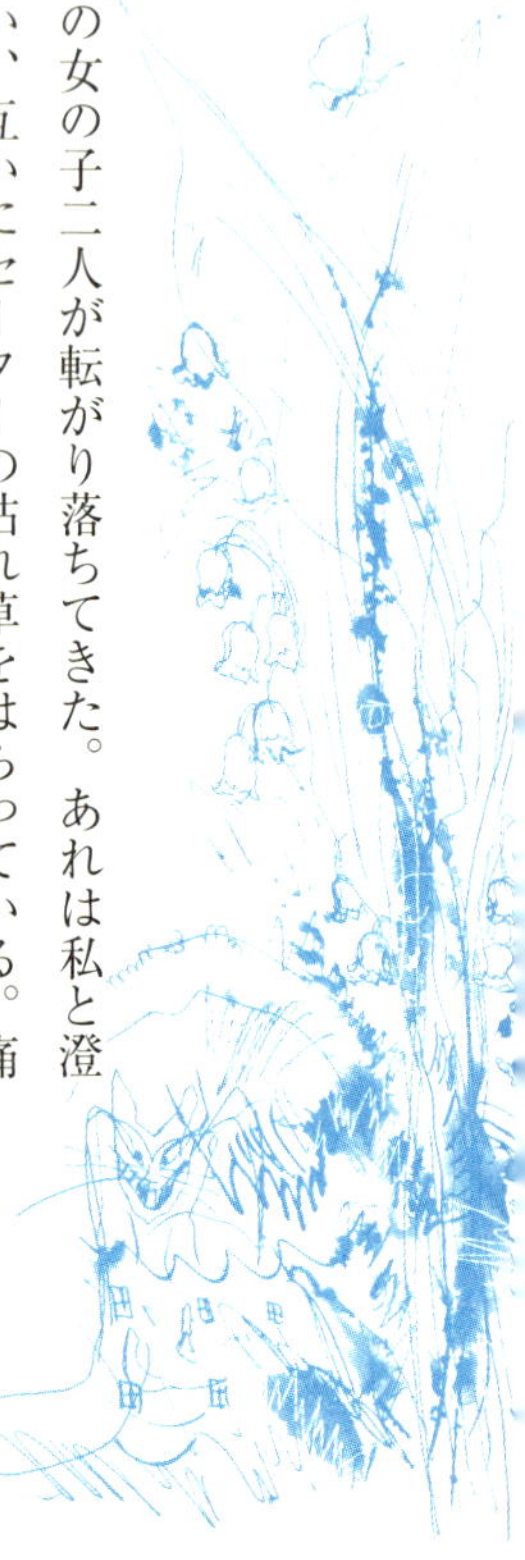

バオバブの木と巨木

私は巨木を見るとバオバブの木を見つけたと嬉しくなる。鷺ノ宮公民館の四階の窓からゆさっと覗いた樹木。三角公園を覆っている一本の欅。ヴァロットン展では、「残照」の夕空を下に見る五本の木立をバオバブの木だと確信して絵葉書を買った。勿論違う。

小学生の終わりごろ『星の王子さま』を読み、星を突き抜けるバオバブの木が、私の中でいつの間にか巨木はバオバブの木となっていた。

最近『星の王子さま』を読み返し、記憶のいい加減さに驚いた。ただ、バオバブの木の挿し絵は懐かしかった。

内容は、操縦士のぼくがサハラ砂漠に不時着した時に王子さまと出会う。

王子さまが住んでいる、やっと家ぐらいの大きさの星には、恐ろしいバオバブの種がある。それは毒気を持ち勢いよく根をはり巨木となって、星を突き抜け破裂させてしまう。

ある日、王子さまはとても愛していたバラの花と、些細なことで喧嘩をして星を出ることになる。その時、バラの花のために、バオバブの木の根をきれいに抜いて出かけた。

それから、いろんな星を巡る。自分の威光ばかり大切にする王、自惚れ男、呑み助などなど、変な大人たちと出会う。

最後に地球に辿り着き飛行士に今までのことを話す。砂漠で、キツネに「世話をすることは相手に責任を持つことだよ」と言われ、王子さまはたった一つのバラの花のことを思い出し、

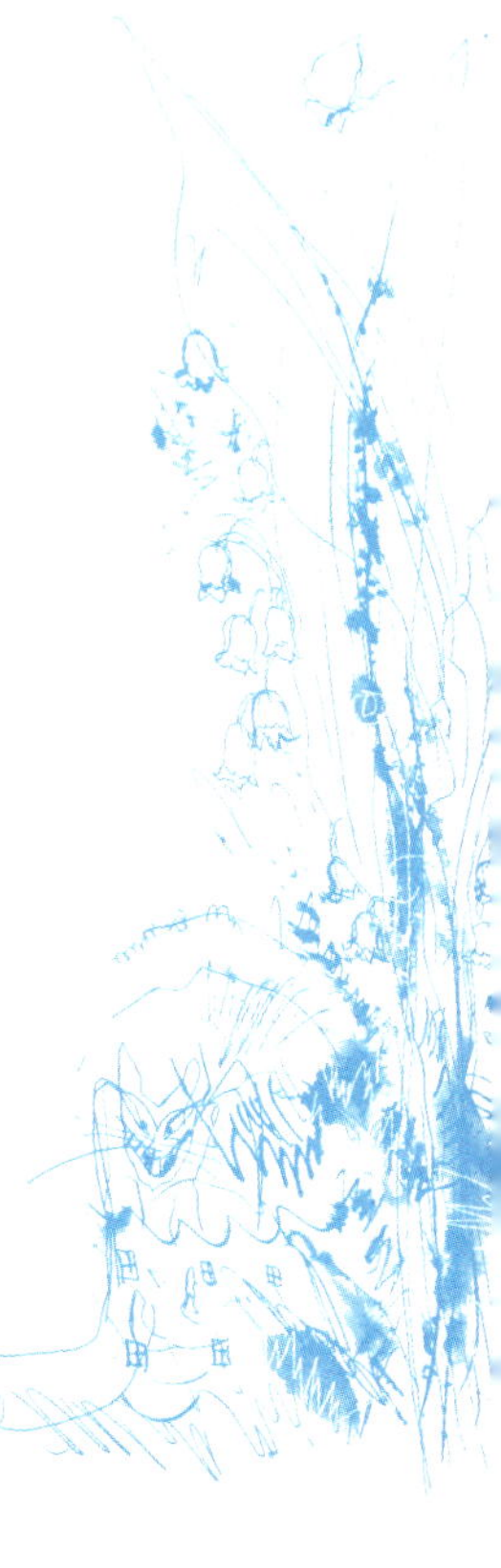

帰ることにした。そのためヘビにかまれ、重すぎるからだだけを残し、星に帰っていく。夜空を見上げての言葉を残して。

「砂漠が美しいのは、どこかに井戸をかくしているからだよ」など哲学的な語りが多々ある中で、最も哲学的に語られず悪者としてのバオバブの木。だからこそ心に残ったのかもしれない。

現実のバオバブの巨木はマダガスカルに存在し、果肉はビタミンC、カルシウムが多く、種子は油、木の皮は屋根、雑貨にと、恵みの木である。生きる力を与えてくれる樹木として地元民には精霊が宿る木として親しまれている。写真で見ると樹齢千年以上の巨木たちはアップダウンツリー（上下逆さまの木）とも呼ばれ、どこかまがまがしさもある。

内に持つ優しく逞しい力と不気味さを持つ姿形のアンバランス。バオバブの木だけでなく多くの巨木が持つ魅力だ。

三角公園の巨木欅の土を押し盛り上がった根。曲がりくねった硬さを足に感じ、いつものように見入っていた。明るい天空に広がる幹が風の流れに身をまかせ、緑の葉が豊かに揺れている。古木に若葉が萌える不思議。巨木の下は陰り、時がとまっている。薄い冷たさは人を孤にしてくれる。

自分の内側を覗きたくなるのはこんな時だ。巨木の木肌の年月、どこか不気味さを持つ寡黙は心根を呼ぶ。

日々生きる思いの弱さ、強かさを、身の内にしまわれたものなど、自身の心との対話の道筋をうながしてくれる。

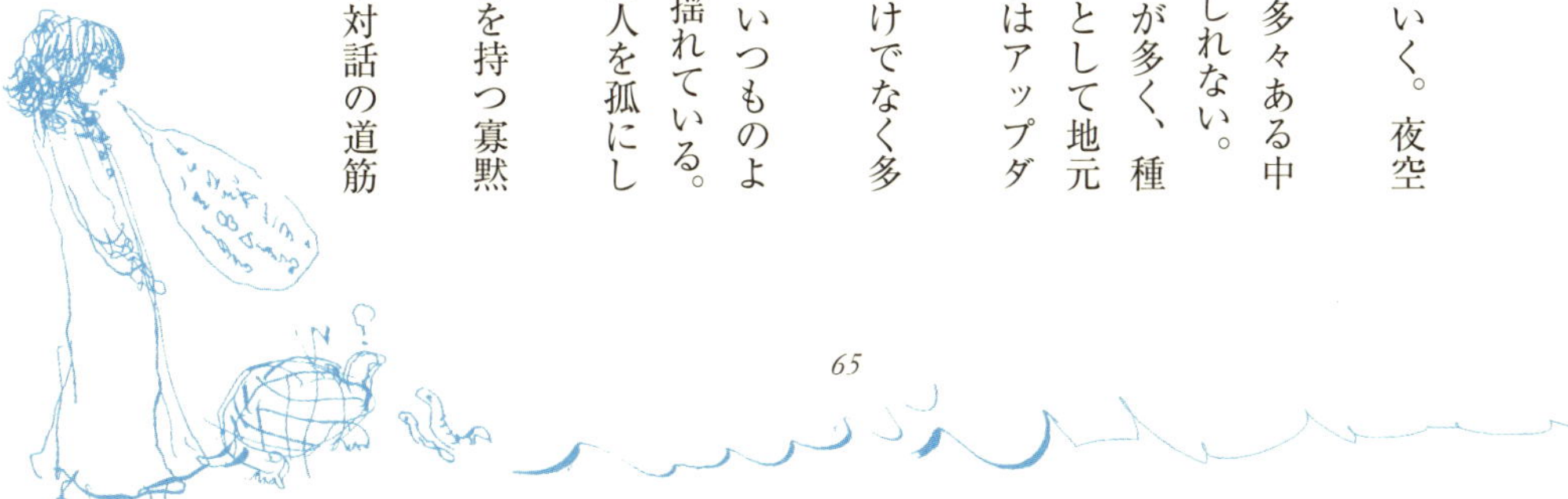

狼

私は『遠野物語』のなかの狼と鉄の物語に惹かれている。

物語は雌狼が自分の子三匹を殺されたどうしようもない怒りと同時に、人間鉄の生きていく為の思いが、実に端的に語られている。生への業までも感じさせられる。

また、狼と鉄と戦い方が互いに潔い。狼は群れをつくるとあるがそんなことはしない。雄狼はもちろん、群れもなさず雌狼一匹で戦うのだ。鉄は刀や鉄砲のような武器を持たない。ワッポロを腕に巻き狼の口に入れるところがいい。

そして、相討ちとなる。同じ立ち位置にいる一匹と一人。私にはとても心地よかった。

でも、それだけで物語に惹きつけられたわけではない。

私は、狼が好きなのだ。いや、あの日から、からだの隅に狼の影が座っている。

それゆえ、鉄が狼の腹の底で摑んだものは深く鎮めている魂だと感じた。魂がわし摑みに取り出されたのだ。狼自身が消える。だからこそ、狼も鉄の腕骨を嚙み砕きからだの底に置いてある魂を持ち去ったのだ。魂は取り出してはいけない。そこには死があるのだから。

魂は鋭く静かに感じあうものだと遠い日に知らされた。

小学生の終わりに近づいた頃、母が死んだ。私はとまどい、気づくと母をさがし、そして、ぼんやりしていた。

そんな私は春休みに母の実家にしばらくあずけられた。山里深くにある萱葺き屋根は少々重

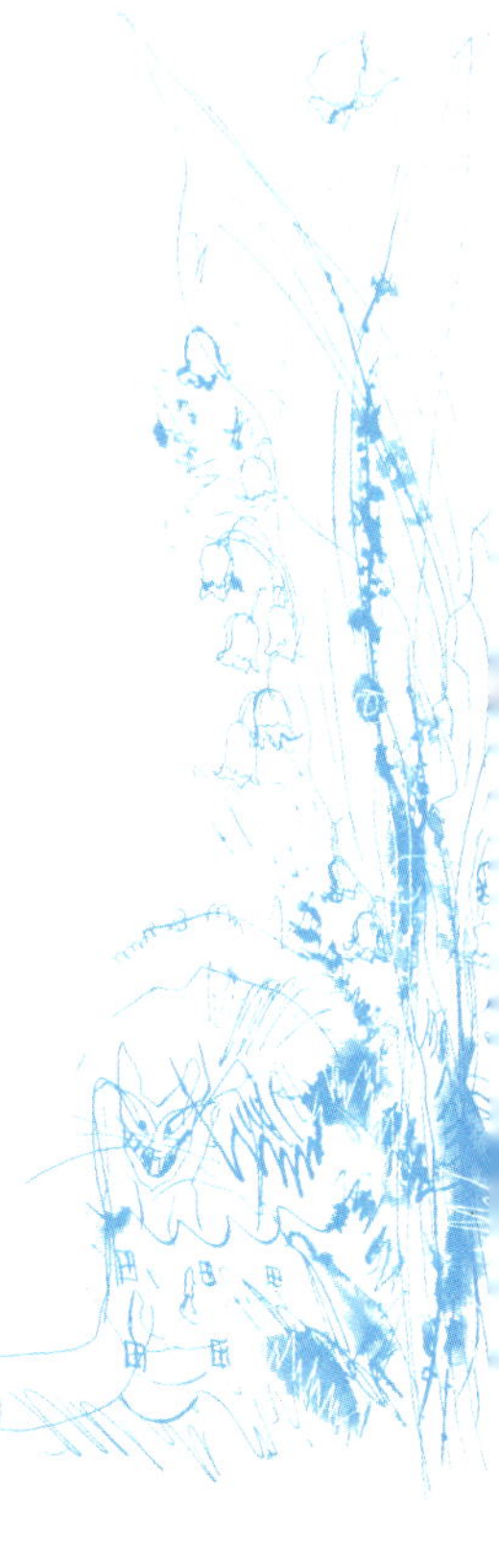

たげで子供心になじめなかった。友達もいなかった。実家の裏が山に連なっていて、一人でぜんまいやわらびを採るのが私の遊びだった。祖母はいつも頷いてくれた。

「あぶないけん、あんまり奥へいったらいけんよ」

あの日、祖母の声を背に聞き、山に入った。山桜がきれいだった。だが、風は冷たく樹々たちには、何かおし鎮められているような気配があった。もちろん人影はない。樹の向こう側から、不意にあらわした姿を、私は最初犬だと思った。

「おいで　おいで」と手を振った。

しかし、その姿は微動だもせず立ち、こちらを見つめているだけだった。

顔の鋭さ、鋭いからだつきが、犬とは違うことを語っていた。狼は唸り声をあげると聞いていたが、静かに突き抜けて見ている目があった。その目が私を惹きつけた。忘れられなくなった。

子供心にも狼だと確信した。

私は毎日狼に逢いにいった。もちろん祖母には内緒だった。言ったら悲鳴を上げただろう。だからといって狼と親しくなったわけではない。いつも三メートルほど離れて向き合っていた。いや、にらみ合っていた。

互いにそれ以上近づいてはいけないという本能が働いたのかもしれない。ただいつも見つめ合っていた。でも、狼の気持ちなんてわからない。狼だって私の気持ちがわかるはずがない。気持ちが通じ合わない楽しさだってある。

だが、その日は違っていた。狼の鋭い目が、いっそう鋭くなっていた。からだが小刻みに揺

れていた。

私は食べられるかもしれないと神経を研ぎすました。

不意に私のからだがゆるぎない冷たさを感じた。突き刺されたようだった。懐かしさをも伴って。魂だ。直感した。狼も私の心の底に鎮めている魂を感じただろうか。狼は目を細めると、小さく吠えるように空を仰ぎ、くるり　と背を向け去った。

その夜、星を見ながら、生きているものが心の奥深くに鎮めている魂を思った。なぜか涙がこぼれた。そして、狼の後ろ姿を思い、母の死を思い、自分の魂のなかに埋まるように寝た。

以来、私の中の狼に逢っていない。

あの時の狼は〈夥《おびただ》しき足音して走り過ぎ北の方へ行けり。その頃より遠野郷には狼甚だ少なくなれりとのことなり〉*とあるように、遠野郷から群れを外れて、こちらの山里に渡って来ていたのだろうか。

再び、遠野郷の狼の死、鉄の死を思った。魂の行方を考えた。狼は鉄の魂を持っている。鉄は狼の魂を持っている。それゆえ、また、どこかの郷でそれぞれ生きているのだろう。別に、狼が鉄の魂を持っているからといって、人間にならなくてもいい。好きなものになればいい。鉄だってそうだ。すべての魂が悲しいまでに冷たくて懐かしいものだから。

＊　柳田國男『遠野物語』狼四一

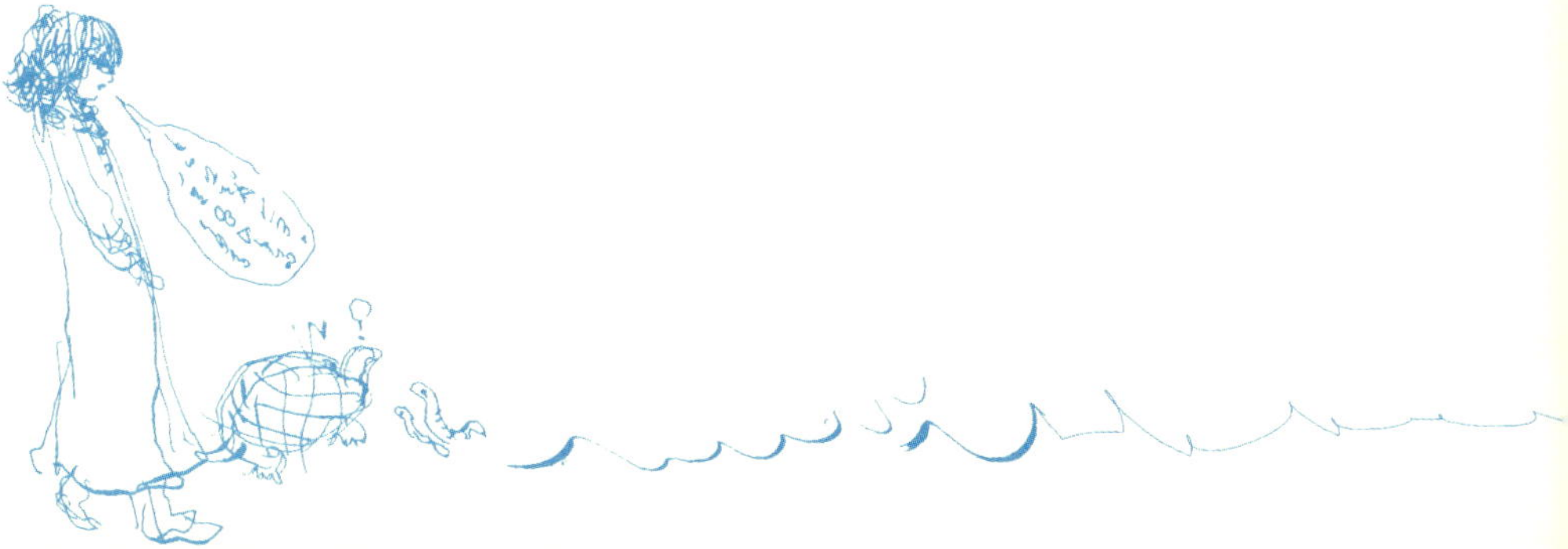

あとがきふうに

ひさしぶり

羽音がした
ごきげんさんと声がかかった
カラスごときに知り合いはない

耳の底がうごく
奇妙な懐かしさが
にじんでくる

逢ったことあるか

子どもの頃か
いや

もっともっと

なみだつ向こう
おぼろな
ひかりのなか

目と耳だけで話したな
抱えていた思い

宙にういていたな
いちにのさんで飛び降りた

カラスになってどうだった
トカゲとイモリが怖いねん

人の暮らしはどうなんや
人ってあんがい怖くって

著者略歴
中井ひさ子（なかい・ひさこ）

詩集
1995年『ドント・タッチ・ミイ』（飛天詩社）
2003年『動物記』（土曜美術社出版販売）
2011年『思い出してはいけない』（土曜美術社出版販売）
2017年『渡邊坂』（土曜美術社出版販売）第51回日本詩人クラブ賞

現住所　〒167-0022　東京都杉並区下井草2-4-9

そらいろあぶりだし

発　行　2019年9月9日

著　者　中井ひさ子

装　丁　司　修

発行者　高木祐子

発行所　土曜美術社出版販売
〒162-0813　東京都新宿区東五軒町3-10
電　話　03-5229-0730
ＦＡＸ　03-5229-0732
振　替　00160-9-756909

印刷・製本　モリモト印刷

ISBN978-4-8120-2525-3　C0092